curiosidad por

LOS ROBOT EN LA FICCIÓN

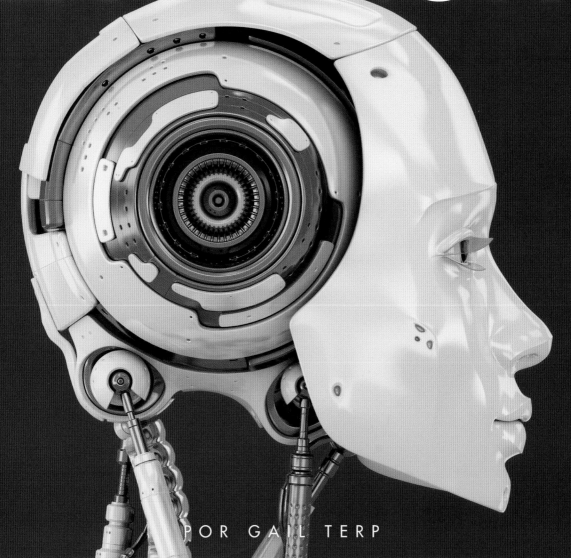

POR GAIL TERP

AMICUS LEARNING

¿Qué te causa

curiosidad?

Curiosidad por es una publicación de Amicus
P.O. Box 227, Mankato, MN 56002
www.amicuspublishing.us

Editora: Rebecca Glaser
Diseñadora de la serie y libro: Kathleen Petelinsek
Investigación fotográfica: Omay Ayres

Library of Congress Cataloging-in-Publication Data
Names: Terp, Gail, 1951- author.
Title: Curiosidad por los robots en la ficción / Gail Terp.
Other titles: Curious about robots in fiction. Spanish
Description: Mankato, MN : Amicus Learning, [2024] | Series:
Curiosidad por la robótica | Includes bibliographical references
and index. | Audience: Ages 5-9. | Audience: Grades 2-3. |
Summary: ""Spanish questions and answers give kids an
understanding about the technology of robots in fiction,
including why there are so many robots in fiction and if
they hold up to actual science. Includes infographics to
support visual learning and back matter to support research
skills, plus a glossary and index"- Provided by publisher.
Identifiers: LCCN 2023016579 (print) | LCCN 2023016580
(ebook) | ISBN 9781645497813 (library binding) | ISBN
9781645498438 (paperback) | ISBN 9781645497899 (pdf)
Subjects: LCSH: Robots in popular culture–Juvenile
literature. | Robots in motion pictures–Juvenile literature.
| Robots on television–Juvenile literature.
|Robots in literature–Juvenile literature.
Classification: LCC TJ211.2 .T3718 2024 (print) | LCC TJ211.2
(ebook) | DDC 629.8/92–dc23/eng/20230414

Créditos de Imágenes: Alamy/Entertainment Pictures, 9, PictureLux
/ The Hollywood Archive, 10–11, 13; Dreamstime/Vladislav
Ociacia, cover; MIT/CSAIL/Massachusetts Institute of Technology,
3, 19, 20, 21; Shutterstock/Little Adventures, 7; Shutterstock/
metamorworks, 23, Warut Chinsai, 2, 14; Wikimedia
Commons/Heinz Schulz-Neudamm/MoMA, 5, IMP Awards,
2, 6, 8, John R. Neill, 5, Karel Capek, 5, William Tung, 13

Impreso en China

CAPÍTULO TRES

3

Los robots y la ciencia

PÁGINA

16

¿Los robots en la ficción son algo nuevo?

¡Para nada! En 1907, L. Frank Baum escribió *Ozma de Oz*. Incluía a Tik Tok, uno de los primeros robots de ficción. La primera película de robots fue *Metrópolis*. Se estrenó en 1927.

Ya sea en libros, obras de teatro o películas, a los escritores les encanta incluir personajes robots.

¿SABÍAS?
La obra de teatro *R.U.R.* se escribió en 1920. Fue la primera vez que se usó la palabra *robot*.

Robots, una película animada de 2005, presentaba un mundo donde los robots eran la principal forma de vida.

¿Por qué a la gente le gusta escribir sobre robots?

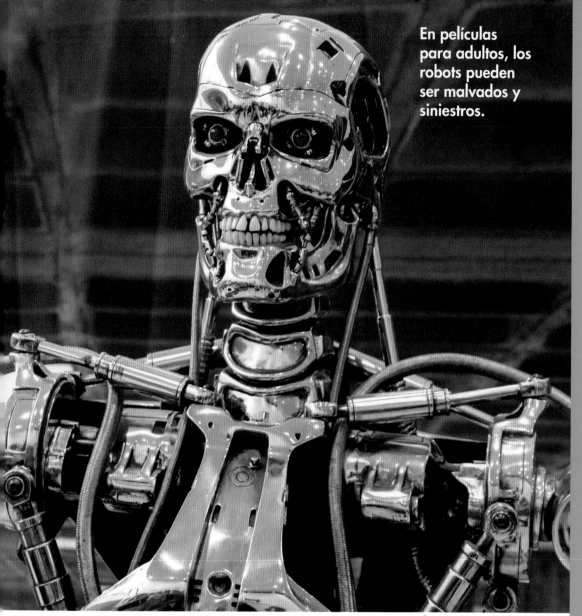

En películas para adultos, los robots pueden ser malvados y siniestros.

Bueno, ¡la mayoría de los robots son divertidos! Claro que no todos lo son. Algunos pueden ser sumamente malos. Los robots son una herramienta perfecta para los escritores y cineastas. Ayudan a contar la historia. Y algunos incluso nos enseñan lecciones.

¿Qué tipo de lecciones podría enseñar un robot?

En *Ron da error*, Barney descubre que un B-bot no sustituye a un amigo real.

¡De todo tipo! El *Gigante de hierro* nos enseña que podemos **superar** cosas malas. *WALL-E* nos dice que debemos cuidar más nuestro medio ambiente. El robot de *Ron da error* muestra que las amistades de la vida real son importantes.

En la película, Wall-E es el último robot en funcionamiento que limpia una Tierra destruida. Entonces descubre una única planta.

DATOS CURIOSOS DE WALL-E

Su nombre significa: **W**aste **A**llocation **L**oad **L**ifter: **E**arth class (levantador de carga de residuos clase terrestre) Sus ojos se inspiraron en binoculares reales. Velocidad máxima 35 mph (56 km/h)

¿Cuál es el robot de ficción más famoso?

C-3PO y R2-D2 ayudan a las fuerzas rebeldes en *Star Wars*.

¡Es difícil decirlo! Sin embargo, *Star Wars* tiene dos de los robots más famosos del cine. R2-D2 es un robot **mecánico**. Se **comunica** mediante pitidos y silbidos. C-3PO es más parecido a un humano. Habla y se preocupa mucho. También es muy leal.

COMPARACIÓN DE ALTURAS
C-3PO 5 pies y 9 pulgadas (1,75 m)
R2-D2 3 pies y 7 pulgadas (1,09 m)

¿Hay robots también en la televisión?

¡Sí! Los dos primeros son de la década de 1960. *Perdidos en el espacio* estaba ambientada en 1997. Presentaba a una familia atrapada en un planeta lejano. Su robot B-9 era súper fuerte y divertido. En *Los Supersónicos* se presentaba a una familia que vivía en el año 2062. Tenían una empleada doméstica robot, Rosie.

¿SABÍAS?
Voltron: el defensor legendario es una serie animada de robots en Netflix.

El robot B-9, del programa de TV *Perdidos en el espacio*, tenía una fuerza sobrehumana.

En el dibujo animado *Los Supersónicos*, Rosie la empleada doméstica robot hacía las tareas de la casa.

¿Algún robot de la TV ha estado en películas?

Transformers empezó como una serie animada de TV en 1984. En ella, dos grupos de robots **alienígenas** están en guerra. En 2007 se estrenó la primera de muchas películas de Transformers. Y aún se están produciendo películas nuevas de Transformers.

¿SABÍAS?
La **mercadería** de Transformers recauda más dinero que las películas.

14

Un robot hecho a partir de chatarra y partes de autos estuvo inspirado en los Transformers.

¿Los robots de las películas están basados en ciencia real?

¡El robot origami del MIT puede abrirse a partir de una hoja plana en menos de cuatro minutos!

Seguramente algunos robots de las películas están basados en la ciencia. Por ejemplo, piensa en los Transformers. Son robots que pueden convertirse a sí mismos en otras cosas. Al principio, esto era solo ficción. Actualmente, los robots **origami** son una realidad. A partir de una hoja plana pueden transformarse en una estructura. ¡Solo les toma unos minutos!

¿Los científicos miran películas de robots?

Algunos sí. Maja Matari´c es una experta en robots. Crea robots que ayudan a otras personas. Cuando era estudiante, era admiradora de las películas de Star Wars. Las miraba junto a sus compañeras. Matari´c sigue siendo admiradora y tiene un montón de pequeños R2-D2s en su oficina.

La ciencia ficción puede inspirar a científicos como Maja Matarí´c a crear nuevos inventos.

Los autos que se manejan solos
todavía no son algo común.
Cuestan mucho más que otros autos.

¿Hay inventos de la vida real basados en robots ficticios?

¡Por supuesto! "Sally" se estrenó en 1953. Era una historia sobre autos que se manejaban solos. Ahora ya existen los autos que se manejan solos. Pronto podrían estar en todas partes. La familia de Los Supersónicos tenía un robot aspiradora. Actualmente, muchos hogares los tienen. Algunos incluso lavan pisos.

HAZ MÁS PREGUNTAS

¿Qué tan altos son los robots de las películas?

¿Había un actor adentro de C-3PO?

Prueba con una PREGUNTA GRANDE:
Quiero hacer una película de robots. ¿Dónde puedo aprender a hacerla?

BUSCA LAS RESPUESTAS

Busca en el catálogo de la biblioteca o en Internet.
Pueden ayudarte tus padres, un bibliotecario o un maestro.

Usar palabras clave
Busca la lupa.

Las palabras clave son las palabras más importantes de tu pregunta.

Si quieres saber sobre:

- robots altos de películas, escribe: ROBOTS MÁS ALTOS DE PELÍCULAS

- C-3PO, escribe: C-3PO ACTOR

GLOSARIO

alienígena Proveniente de un lugar que no es la Tierra.

comunicar Compartir pensamientos, ideas o información para que se entiendan.

mecánico Un robot o persona que arregla máquinas.

mercadería Artículos que se compran y venden.

origami Arte japonés de plegar papel para formar figuras.

superar Vencer un problema o a un enemigo.

ÍNDICE

Acerca de la autora

Luego de dar clases durante años, ahora Gail Terp tiene un segundo trabajo soñado: escribir libros para niños. Sus libros tratan sobre todo tipo de temas. Ahora tiene un tema nuevo. ¡Los robots! Cuando no está escribiendo, le encanta salir a caminar y buscar cosas interesantes sobre las cuales escribir.